Lösungen zu den Fragen der Lese-Rallyes
findest du auf Seite 32.

Das Nachwort für Eltern schließt sich hieran an.

Bibliografische Information der Deutschen Nationalbibliothek
Die Deutsche Nationalbibliothek verzeichnet diese Publikation in der Deutschen Nationalbibliografie; detaillierte bibliografische Daten sind im Internet über http://dnb.d-nb.de abrufbar.

Dieses Werk folgt der neuesten Rechtschreibung und Zeichensetzung.

Auflage 3 2 1 | 2012 2011 2010
Die letzten Zahlen bezeichnen jeweils die Auflage und das Jahr des letzten Druckes.

www.diekleinenlesedrachen.de
Gruner + Jahr AG & Co KG, Hamburg
GEOlino ist eine Marke der Gruner + Jahr AG & Co KG
Teamleiterin Lernhilfen Grundschule: Susanne Schulz
Konzeption: Salomé Dick, Berlin
Redaktion: Jette Maasch
Umschlaggestaltung und Layout: Sabine Krohberger Grafikdesign, München
Umschlagillustration: Juliane Assies, Berlin
Leitfiguren Drachen: Thomas Thiemeyer, Stuttgart
Satz: Noch & Noch GbR, Menden
Druck: G. Canale & C. S.p.A., Turin
Printed in Italy
ISBN 978-3-12-949025-9

DIE KLEINEN LESEDRACHEN

Die verzauberten Ballett-Schläppchen

Angela Gerrits
mit Bildern von Juliane Assies

Lesen lernen · 2. Klasse · ab 7 Jahren

Klett Lerntraining

Lena bekommt einen Schreck

In wenigen Minuten
beginnt der Ballettunterricht.
Heute ist Generalprobe
für den großen Schulauftritt.
Lena ist aufgeregt,
denn morgen wird sie das erste Mal
vor Publikum tanzen.
Da bekommt sie einen Schreck:
Ihre weißen Schläppchen sind weg!

„Wo sind meine Schläppchen?"
Sie schaut sich suchend um.
„Lena!", ruft Pia
vom anderen Ende des Umkleideraums.
„Guck mal, Lena, hier!"
Doch Lena hört Pia nicht.
Sie schüttelt ihren Sportbeutel aus
und bückt sich unter die Holzbank.
Aber ihre Schläppchen
sind nirgends zu sehen.
Hat sie sie zu Hause vergessen?

„Guck mal, Lena!“, ruft Pia erneut.
„Die dicke Pia fehlt mir noch!“,
denkt Lena schlecht gelaunt.
„Lass mich in Ruhe!“,
faucht sie Pia an.
„Meine Schläppchen sind weg!
Wer hat meine Schläppchen gesehen?“
Die anderen Mädchen
stehen um Lena herum.
Sie schütteln ratlos die Köpfe.

„Mädchen, die Stunde beginnt!“,
ruft die Ballettlehrerin Frau Lipp
und klatscht in die Hände.
„Hopp, hopp, an die Stange!“
„Ohne meine Schläppchen
mache ich nicht mit“,
sagt Lena unglücklich.

„Heute tanzt du barfuß“,
sagt Frau Lipp
und lächelt Lena aufmunternd an.
„Bis morgen findest du sie.“
Lena schüttelt traurig den Kopf.
„Ohne meine Schläppchen
kann ich nicht tanzen.
Die sind nämlich verzaubert!“

„Verzaubert! Haha!“

Die anderen Mädchen lachen Lena aus und laufen kichernd in den Saal.

Sie stellen sich hintereinander an die verspiegelte Wand.

„Erste Position!“, ruft Frau Lipp.

Nur Pia lacht Lena nicht aus.

Sie stellt sich ans Ende der Stange.

„Was wolltest du mir denn zeigen?“, flüstert Lena Pia zu.

„Ach nichts“, zischt Pia beleidigt.

Lese-Rallye: Teil 1

Start

1

Wo schaut Lena
sich suchend um?

- [ ] im Saal
- [ ] auf der Toilette
- [ ] im Umkleideraum

2

Warum ist Lena aufgeregt?

- [ ] Ihre Schläppchen sind verschwunden.
- [ ] Sie wird morgen das erste Mal vor Publikum tanzen.
- [ ] Sie hat Angst vor der Generalprobe.

Warum ist Pia beleidigt?

- [ ] weil Lena ihr nicht zugehört hat
- [ ] weil sie ans Ende der Stange muss
- [ ] weil Lena sie beschimpft

3

Wie könnte das Stück heißen, das Lena aufführt?

- [ ] Ententeich
- [ ] Schwanensee
- [ ] Gänsetümpel

Pia hat ein Geheimnis

Abends zu Hause
schreibt Pia ein Schild:
„Besetzt“ steht darauf.
Sie klebt es an die Badezimmertür.
Wenn sie Lenas Schläppchen anzieht,
will sie nicht gestört werden.

Auf einem Schläppchen entdeckt sie
einen kleinen roten Fleck.
„Sind sie wirklich verzaubert?“,
fragt Pia sich.

„Pia!“, ruft ihr Vater vor der Tür.
„Ist alles in Ordnung mit dir?“
Pia hält sich am Waschbecken fest
und geht ins Plié.
„Schatz“, ruft ihre Mutter.
„Was machst du da drin?“
Pia kommt wieder hoch.
Sie geht auf die Zehenspitzen
und hebt vorsichtig ein Bein.

„Wir machen uns Sorgen um dich!“, ruft ihr Vater und klopft.
Pia winkelt das Bein langsam an und löst ihre Hände vom Waschbeckenrand.
Zuerst die linke Hand und dann die rechte.
„Nanu“, denkt sie, „was ist denn das?“

Pia betrachtet staunend
ihr Spiegelbild.
Sie wackelt gar nicht wie sonst!
Und sie fühlt sich ganz leicht!
Das mit der Verzauberung stimmt!
„Pia! Schatz!“, ruft ihre Mutter.
„Geht es dir gut?“
„Sehr gut!“, antwortet Pia.
„Ihr müsst morgen zugucken kommen.
Dann tanze ich extra für euch!“

Lese-Rallye: Teil 2

1

Woran hält Pia sich fest?

- ☐ am Türgriff
- ☐ am Waschbecken
- ☐ am Handtuchhalter

2

Warum staunt Pia?

- ☐ Sie hat ein rotes Gesicht.
- ☐ Sie hört Stimmen vor der Tür.
- ☐ Sie wackelt nicht so wie sonst.

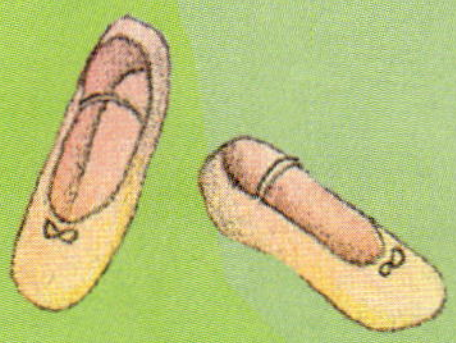

Warum rufen und klopfen Pias Eltern?

☐ weil sie ins Bad müssen

☐ weil sie sich Sorgen machen

☐ weil sie Angst haben,
dass Pia eingeschlafen ist

3

Wie könnte der Zauberspruch
für die Schläppchen lauten?

☐ Lirum larum Löffelstiel,
das Tanzen wird mir jetzt zu viel!

☐ Holper, stolper, Eierkranz,
furchtbar schwer ist dieser Tanz!

☐ Arabesque und Plié,
Pirouetten leicht ich dreh!

Pia Ballerina

Am nächsten Tag
ist Lena immer noch traurig.
Sie findet ihre Schläppchen nicht.
„Wir kaufen dir neue“,
schlägt ihre Mutter vor.
„Bis zu deinem Auftritt
sind noch drei Stunden Zeit.“
Aber Lena schüttelt den Kopf.
„Ohne meine Schläppchen
tanze ich nicht.“

Kurz vor dem Auftritt
lächelt Frau Lipp Lena zu.
„Bitte mach mit“, sagt sie
und reicht Lena Schläppchen.
„Die leihe ich dir,
damit du mittanzen kannst.“
„Na gut“, sagt Lena seufzend
und tanzt lustlos mit.
Neben ihr dreht Pia
eine Pirouette in ihrem Tutu.
Sie tanzt wie eine Ballerina,
leicht und graziös!

Lena staunt:
Wieso kann Pia so gut tanzen
von einem auf den anderen Tag?

Pia bekommt großen Applaus.
Ihre Eltern sitzen ganz vorn
und klatschen begeistert.
Pia bedankt sich lächelnd
mit einem Knicks.

Da entdeckt Lena
auf Pias Schläppchen
den kleinen roten Filzstiftfleck!
„Das sind meine Schläppchen!“,
denkt Lena sofort.
„Pia hat sie mir einfach gestohlen!“

Als der Auftritt zu Ende ist,
faucht sie Pia an:
„Spinnst du,
mir meine Schläppchen zu stehlen?
Gib sie sofort wieder her!“

„Ich habe sie nicht gestohlen!“,
schwört Pia.
Ihr Kopf ist heiß und ganz rot.
„Ich wollte sie dir zurückgeben!“
Lena funkelt Pia böse an.
„Und wieso hast du es nicht getan?“
„Weil du so gemein zu mir warst!“,
sagt Pia und fängt an zu weinen.
„Und weil sie verzaubert sind.
Ich wollte doch nur ein Mal
so schön tanzen wie du!“

Lena schüttelt den Kopf.
„Sie sind nicht verzaubert.
Das habe ich doch nur so gesagt.
Weil ich keine anderen will."
„Doch!", widerspricht Pia.
„Sie sind verzaubert!
Sonst hätte ich mich nie getraut,
eine Pirouette zu drehen!"

Lese-Rallye: Teil 3

Welche Farbe
hat der Filzstiftfleck?

- ☐ rosa
- ☐ lila
- ☐ rot

1

2

Was schlägt Lenas Mutter vor?

- ☐ ein Eis essen zu gehen
- ☐ einen Ausflug zu machen
- ☐ neue Schläppchen zu kaufen

Warum kann Pia
plötzlich so gut tanzen?

☐ Die Schläppchen sind verzaubert.
☐ Sie will es Lena beweisen.
☐ Der Glaube an die Verzauberung hilft ihr.

3

Wie heißt Lena,
wenn man ihren Namen
rückwärts liest?

☐ Nale
☐ Alen
☐ Anel

Das Geschenk

„Entschuldigung", sagt Pia leise
und gibt Lena die Schläppchen.
„Es tut mir sehr leid."
„Schon gut", grummelt Lena.
Aber sie ist immer noch wütend.
„Mit meinen Schläppchen
hätte ich viel besser getanzt",
sagt sie.
Doch jetzt ist der Auftritt vorbei.

Lena dreht ihre Schläppchen
in der Hand hin und her.
An die Verzauberung
hat sie selbst nie geglaubt.
Jetzt ist sie nicht mehr sicher.
Pia hat wie verzaubert getanzt.
Wie kann das sein?

Lena grübelt.
Sind die Schläppchen verzaubert?
Nein, so ein Quatsch!
Und wenn doch?
Kann sie ohne die Schläppchen
etwa nicht so gut tanzen?
Das muss sie herausfinden.
Am besten sofort!
„Mama“, sagt Lena,
„ich möchte neue Schläppchen.“
Ihre Mutter wundert sich.
„Nanu? Jetzt plötzlich doch?“

Am nächsten Tag kaufen sie
in der Stadt neue Schläppchen.
Lena sucht sich rosafarbene aus.
Sie probiert ein paar Schritte,
ein Demi-plié, ein Développé
und einen Sprung.
Sie ist erleichtert,
denn alles klappt genauso gut
wie mit ihren alten Schläppchen.

Auch in der nächsten Ballettstunde
stellt Lena keinen Unterschied fest.
„Die Schläppchen sind aber schön!",
sagen die anderen Mädchen.
Nur Pia sagt nichts.
Sie schämt sich
und guckt an Lena vorbei.
„Fünfte Position!", ruft Frau Lipp
und klatscht in die Hände.

Nach dem Unterricht geht Lena
zu Pia in den Umkleideraum.
„Die schenke ich dir“, sagt sie
und gibt ihr die alten Schläppchen.
Pia strahlt über das ganze Gesicht
und zieht sie schnell an.
„Danke, Lena!
Das ist das schönste Geschenk,
das ich je bekommen habe!“
Lena guckt Pia verblüfft hinterher.
Pia tanzt federleicht durch den Raum.
Wie verzaubert!

Lese-Rallye: Teil 4

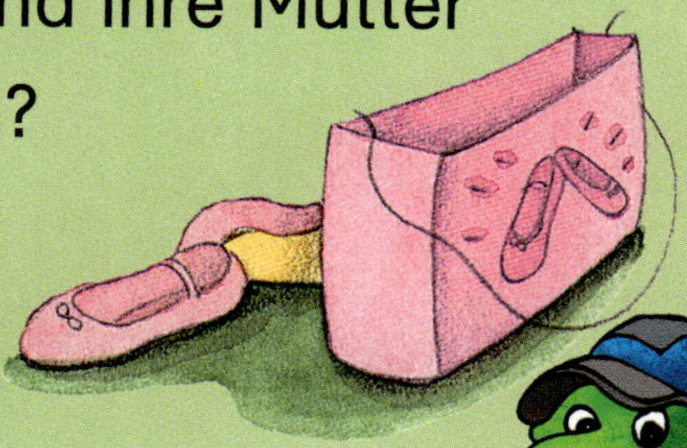

1

Wo kaufen Lena und ihre Mutter neue Schläppchen?

- [ ] im Internet
- [ ] in der Stadt
- [ ] im Dorf

2

Was schenkt Lena Pia?

- [ ] ihre neuen Schläppchen
- [ ] ihr rosafarbenes Tutu
- [ ] ihre alten Schläppchen

Warum schämt Pia sich?

- ☐ weil sie Lenas Schläppchen kaputt gemacht hat
- ☐ weil sie Lenas Schläppchen verloren hat
- ☐ weil sie Lenas Schläppchen gestohlen hat

Womit sollte Lena besser nicht tanzen?

- ☐ mit Schweißfüßen
- ☐ mit Blasen an den Füßen
- ☐ mit Käsefüßen

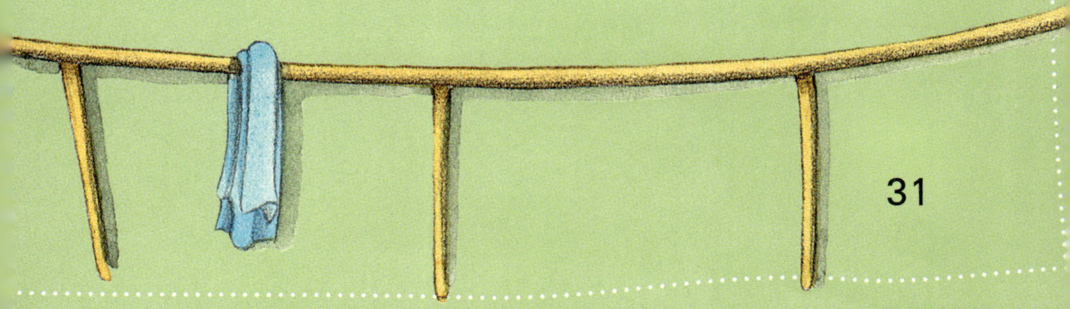

Lösungen

Lese-Rallye: Teil 1

1. im Umkleideraum
2. Sie wird morgen das erste Mal vor Publikum tanzen.
3. weil Lena sie beschimpft

Schwanensee

Lese-Rallye: Teil 2

1. am Waschbecken
2. Sie wackelt nicht so wie sonst.
3. weil sie sich Sorgen machen

Arabesque und Plié,
Pirouetten leicht ich dreh!

Lese-Rallye: Teil 3

1. rot
2. neue Schläppchen zu kaufen
3. Der Glaube an die Verzauberung hilft ihr.

Anel

Lese-Rallye: Teil 4

1. in der Stadt
2. ihre alten Schläppchen
3. weil sie Lenas Schläppchen gestohlen hat

mit Blasen an den Füßen

Lesen lernen mit dem Schulbuchprofi …

… und den kleinen Lesedrachen mit Sachwissen-Poster von GEOlino

… und Bibi Blocksberg mit Hexenquiz

Die kleinen Lerndrachen – Lernen mit System

üben

Übungsbücher mit dem kompletten Stoff eines Fachs pro Schuljahr.

nachschlagen

Der komplette Stoff der Grundschulzeit zum Nachschlagen plus zahlreiche Übungen auf CD-ROM.

testen

Test-Block: Zahlreiche Testaufgaben mit Quizcharakter plus Lösungen und ausführlicher Auswertung.

Viele weitere Titel sind im Buchhandel erhältlich. www.klett.de/lernhilfen

Liebe Eltern,

Sie haben sich für ein Buch der **kleinen Lesedrachen** entschieden. Eine gute Wahl, denn mit diesen Erstlesebüchern des Schulbuchprofis Klett unterstützen Sie optimal den Leselern-Prozess Ihres Kindes.
Lesen als Basiskompetenz muss immer wieder trainiert und gefördert werden, damit Ihr Kind zu einem selbstbewussten und kompetenten Leser wird. Dabei darf es jedoch weder überfordert noch abgeschreckt werden.
Die kleinen Lesedrachen bieten Ihrem Kind eine motivierende Rundum-Leseförderung: **Lesen – Verstehen – Wissen und Handeln.** Ihr Kind erfährt durch Erfolgserlebnisse Lesen positiv und anregend und wird so zunehmend zum Lesen verführt.

LESEN

Die spannenden Geschichten der kleinen Lesedrachen fördern die Leselust:

- Geschichten und Themen entsprechen den Interessen und Vorlieben der Kinder.
- Kindgerechte Illustrationen unterstützen und ergänzen den Text.
- Verschiedene Lesestufen bieten den passenden Lesestoff für Leseanfänger bis zum fortgeschrittenen Leser.

Lesestufen

3. Schuljahr **für fortgeschrittene Leser**
längere Texte, Fibelschrift, textbegleitende Bilder, komplexe Geschichten, 48 Seiten

2. Schuljahr **für Erstleser**
längere Textabschnitte, längere Zeilen, große Fibelschrift, viele Bilder, komplexere Geschichten, 32 Seiten

1. Schuljahr **für Leseanfänger**
kurze Textabschnitte, kurze – nach Sinnabschnitten – gegliederte Zeilen, extra große Fibelschrift, hoher Bildanteil, einfache, klar strukturierte Geschichten, 32 Seiten

Erfolgserlebnis: Ich kann lesen!

Das Lesen eines ganzen Kapitels, gar eines ganzen Buches macht Ihr Kind stolz. Dabei können die beschriebenen Lesestufen nur ein Anhaltspunkt sein. Wichtig ist, Ihr Kind nicht zu überfordern und es – eventuell auch mit einem Buch einer niedrigeren Lesestufe – zum Lesen zu motivieren.